Impressum
Verlag: BABADADA GmbH, Nedderfeld 112 , 22529 Hamburg
Geschäftsführer / Verlagsleitung: Harald Hof
Druck: Books on Demand GmbH, In de Tarpen 42, 22848 Norderstedt

Imprint
Publisher: BABADADA GmbH, Nedderfeld 112 , 22529 Hamburg, Germany
Managing Director / Publishing direction: Harald Hof
Print: Books on Demand GmbH, In de Tarpen 42, 22848 Norderstedt

koulu
اسڪول

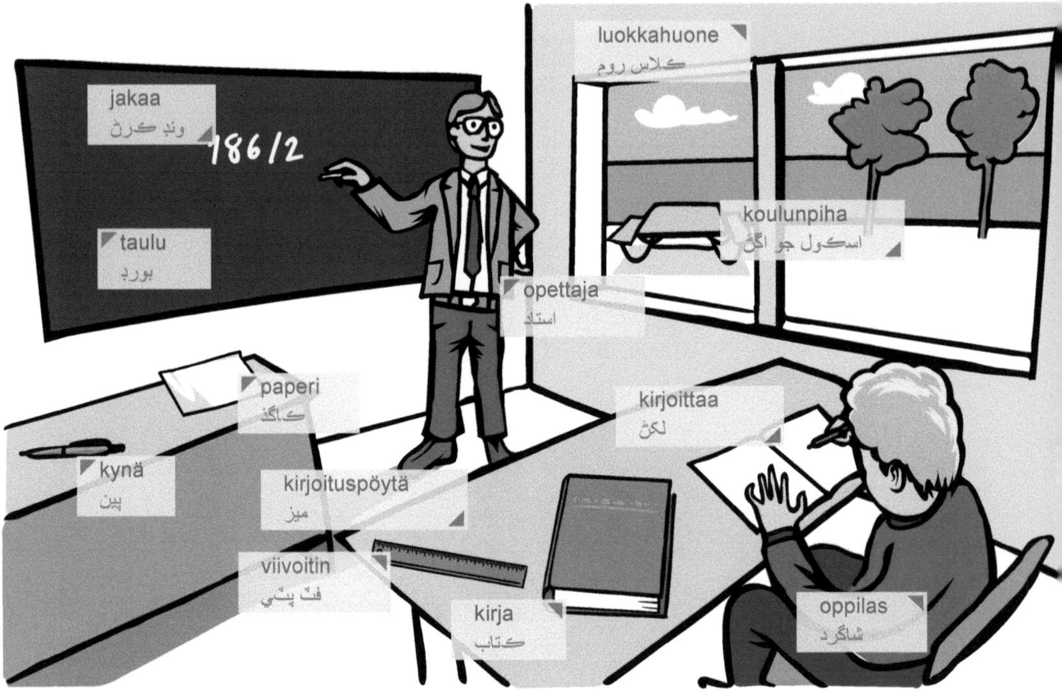
luokkahuone
ڪلاس روم
jakaa
ونڊ ڪرڻ
186/2
taulu
بورڊ
opettaja
استاد
koulunpiha
اسڪول جو اڱڻ
paperi
ڪاغذ
kirjoittaa
لکڻ
kynä
پين
kirjoituspöytä
ميز
viivoitin
فٽ پٽي
kirja
ڪتاب
oppilas
شاگرد

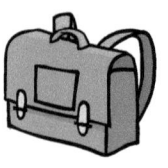

reppu

بستو

penaali

پينسل باڪس

lyijykynä

پينسل

kynänteroitin

پينسل شارپنر

pyyhekumi

ربڙ

piirustuslehtiö

ڊرائنگ پيڊ

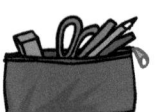

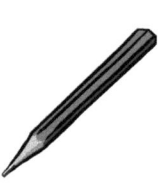

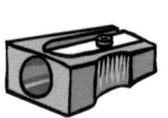

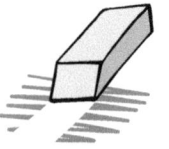

piirustus

برائنگ

pensseli

پينٹ برش

vesivärit

پينٹ باکس

sakset

قينچي

liima

گوندر

harjoituskirja

مشق کرنے واري کاپي

kotitehtävä

ہوم ورک

luku

عدد

lisätä

جوڑ کرنا

vähentää

کٹ کرنا

kertoa

ضرب کرنا

laskea

حساب کرنا

kirjain

خط

aakkoset

الفابيٹ

sana

لفظ

teksti

مضمون

lukea

پڑھنا

liitu

چاک

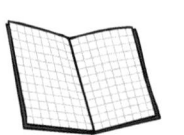

oppitunti

سبق

opettajan muistikirja

رجسٹر

koe

امتحان

todistus

سرٹیفیکیٹ

koulupuku

اسکول یونیفارم

koulutus

تعلیم

sanakirja

انسائیکلوپیڈیا

yliopisto

یونیورسٹی

mikroskooppi

خوردبینی

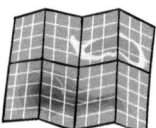

kartta

نقشہ

roskakori

ردی جی ٹوکری

matka

سفر

hotelli
هوٹل
Grand
retkeilymaja
هاسٹل
ROOMS
rahanvaihto
رقم تبديل ڪرائڻ جي آفيس
matkalaukku
سوٹ ڪيس
auto
ڪار

kieli

ٻولي

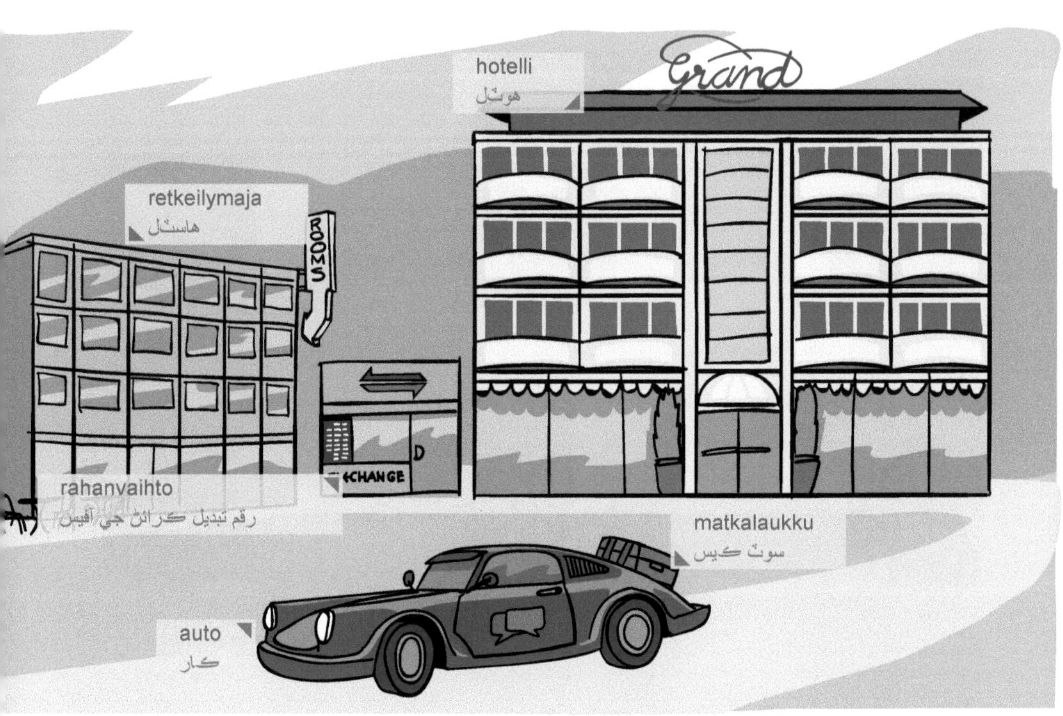

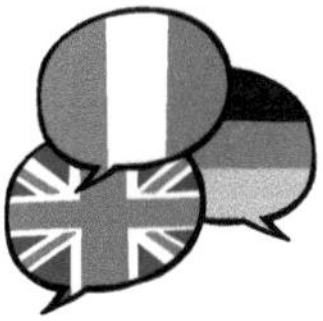

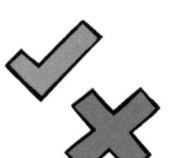

kyllä / ei

ها يا نه

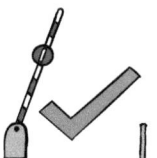

selvä

صحيح آهي

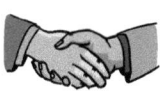

hei

هيلو

tulkki

مترجم

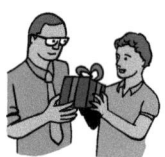

kiitos

مهرباني

Paljonko...maksaa?

هن جي قيمت گهٽي آهي.....؟

en ymmärrä

مون كي سمجه م نڈو اچي

ongelma

مسئلو

Hyvää iltaa!

گڊ ايوننگ

Hyvää huomenta!

صبح بخير

Hyvää yötä!

شب خير

näkemiin

الوداع

suunta

طرف

matkatavarat

سفري سامان

laukku

بيگ

reppu

پويان بڌن وارو بيگ

vieras

مهمان

huone

كمرو

makuupussi

بستر وارو بيگ

teltta

خيمو

turisti-info

سياحت بابت معلومات

ranta

سمندر کنارو

luottokortti

کریټډ کارډ

aamupala

ناشتو

lounas

لنچ

päivällinen

ډنر

matkalippu

ټکټ

hissi

لفټ

postimerkki

مهر

raja

سرحد

tulli

ګاهک

suurlähetystö

سفارتخانو

viisumi

ویزا

passi

پاسپورټ

kuljetus
آمد و رفت

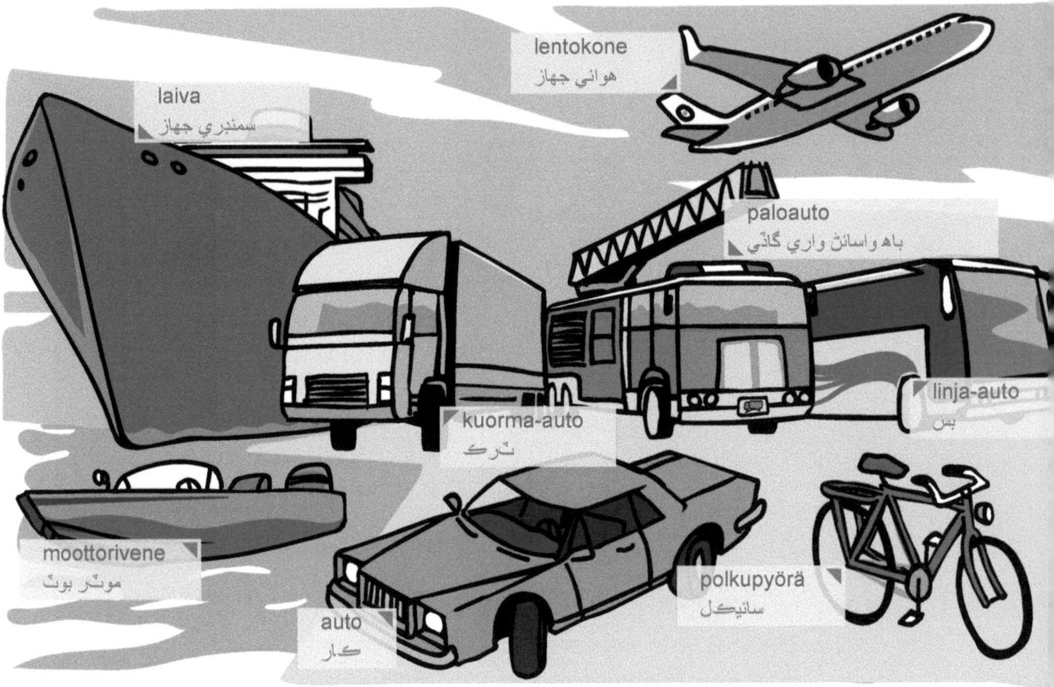
lentokone
هوائي جهاز
laiva
سمندري جهاز
paloauto
باه واسائڻ واري گاڏي
linja-auto
بس
kuorma-auto
ٽرڪ
moottorivene
موٽر بوٽ
polkupyörä
سائيڪل
auto
ڪار

lautta
فيري

vene
ٻيڙي

moottoripyörä
موٽر سائيڪل

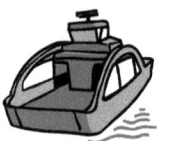

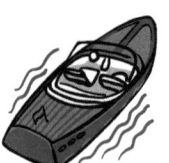

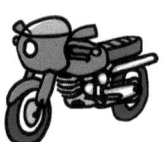

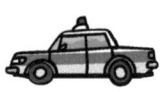

poliisiauto
پوليس ڪار

kilpa-auto
ريسنگ ڪار

vuokra-auto
رينٽل ڪار

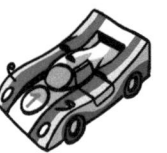

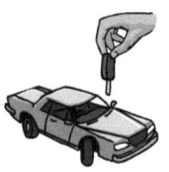

car sharing

چشنیرنگ کار

hinausauto

چکٹ وارو ٹرک

roska-auto

کچري واري ٹرک

moottori

کار

polttoaine

فیول

huoltoasema

پیٹرول اسٹیشن

liikennemerkki

ٹریفک جا نشان

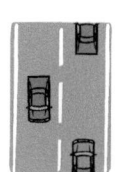

liikenne

ٹریفک

ruuhka

ٹریفک جام

parkkipaikka

کار پارک

rautatieasema

ٹرین اسٹیشن

raiteet

پٹڑیون

juna

ٹرین

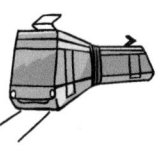

raitiovaunu

ٹرام

vaunu

ویگن

helikopteri

ہیلیکاپٹر

lentokenttä

ایئرپورٹ

lähilennonjohto

ٹاور

matkustaja

مسافر

kontti

کنٹینر

pahvilaatikko

ڈبو

kärryt

ریڑھی

kori

ٹوکري

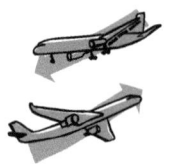

nousta / laskea

اڏرڻ / زمين تي لهڻ

kaupunki

شهر

kylä

ڳوٺ

keskusta

شهر جو مرکز

talo

گھر

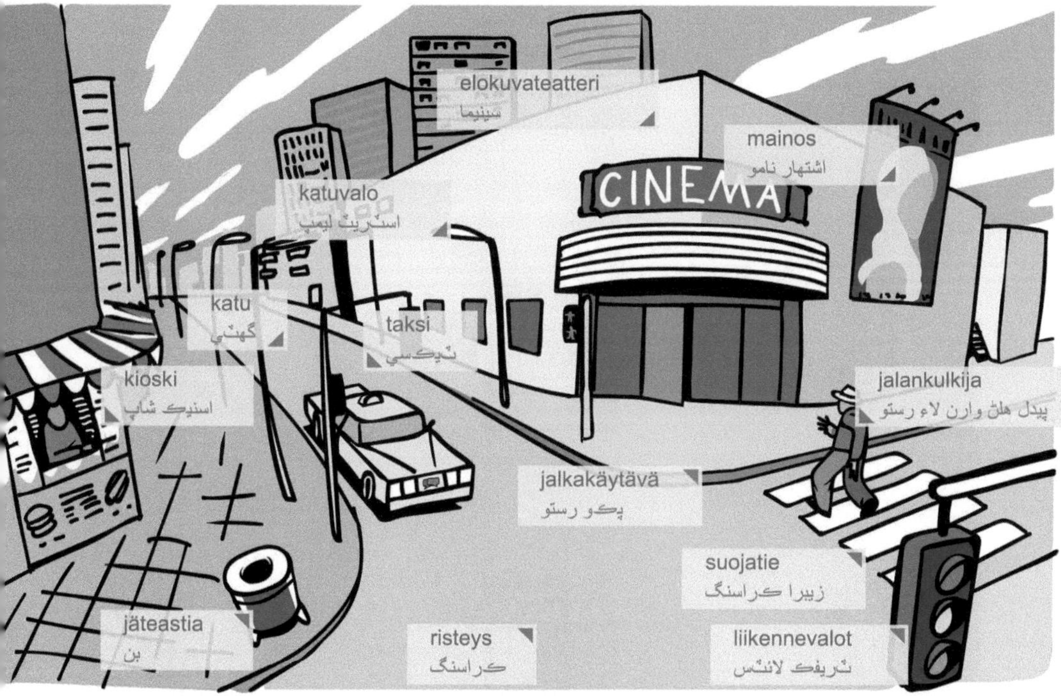
elokuvateatteri
سينيما
CINEMA
mainos
اشتهار نامو
katuvalo
اسٽريٽ ليمپ
katu
گهٽي
taksi
ٽيڪسي
kioski
اسنيڪ شاپ
jalankulkija
پيدل هلڻ وارن لاءِ رستو
jalkakäytävä
پڪو رستو
suojatie
زيبرا ڪراسنگ
jäteastia
بن
risteys
ڪراسنگ
liikennevalot
ٽريفڪ لائٽس

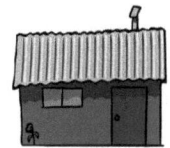

mökki

جهوپڙي

kerrostalo

فليٽ

rautatieasema

ٽرين اسٽيشن

kaupungintalo

ٽائون هال

MUSEUM

museo

عجائب گهر

koulu

اسڪول

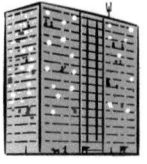

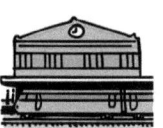

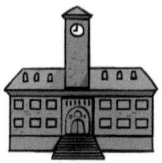

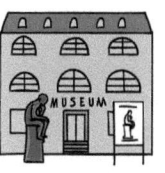

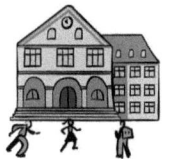

yliopisto

يونيورسٽي

pankki

بينڪ

sairaala

اسپتال

hotelli

هوٽل

apteekki

فارميسي

toimisto

آفس

kirjakauppa

ڪتابن جي ڪتاب

liike

دڪان

kukkakauppa

گلن جي دڪان

supermarketti

سپر مارڪيٽ

tori

مارڪيٽ

tavaratalo

ڊپارٽمينٽ اسٽور

kalakauppias

مڇي جي دڪان

ostoskeskus

شاپنگ سينٽر

satama

بندرگاھ

puisto

پارک

penkki

بینچ

silta

پل

portaat

ڈاکٹ

metro

زیرِ زمین میٹرو

tunneli

سرنگ

linja-autopysäkki

بس اسٹاپ

baari

شراب خانو

ravintola

روسٹورینٹ

postilaatikko

پوسٹ باکس

katukyltti

اسٹریٹ سائن

parkkimittari

پارکنگ میٹر

eläintarha

چڑیا گھر

uimala

سونمنگ پول

moskeija

مسجد

maatila

فارم

ympäristön saastuminen

آلودگی

hautausmaa

قبرستان

kirkko

چرچ

leikkikenttä

راند جو ميدان

temppeli

مندر

maisema

زميني منظر

lehti
پتو

tienviitta
سائن بورڊ

tie
رستو

niitty
ساوڪ واري زمين

kivi
پٿر

puu
وڻ

retkeilijä
پيادل هلڻ وارو هائيڪر

joki
دريا

ruoho
ڇٻر

kukka
گل

laakso

وادي

vuori

جبل

järvi

ڈینڈ

metsä

گل

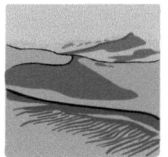

aavikko

ریگستان

tulivuori

آتش فشان

linna

قلعو

sateenkaari

اندلٹ

sieni

کینی

palmu

کھجي جو وڻ

hyttynen

مچر

kärpänen

مک

muurahainen

کیولي

mehiläinen

ماکي جي مک

hämähäkki

مکڙي

kovakuoriainen

ٹنڈڻ

sammakko

ڈیڈڑ

orava

نوریڑو

siili

جاهو

jänis

خرگوش

pöllö

چپرو

lintu

پکي

joutsen

بدک

villisika

سوئر

peura

هرڻ

hirvi

أمريكي هرڻ جو قسم

pato

ڈيم

tuulimylly

هوا سان هلڻ وارو ٹربائين

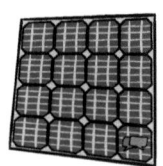

aurinkopaneeli

سولر پينل

ilmasto

آب و هوا

tarjoilija
ویٹر

ruokalista
كاٹي جي فهرست

tuoli
كرسي

keitto
سوپ

pitsa
پیزا

ruokailuvälineet
چھري كانٹا

pöytäliina
ٹیبل جو كپڑو

alkuruoka

استارٹر

pääruoka

مین كورس

jälkiruoka

كاٹي كانپوء كائٹ وارو مٹو

juomat

مشروب

ruoka

خوراك

pullo

بوتل

pikaruoka

فاسٹ فوڈ

katuruoka

اسٹریٹ فوڈ

teekannu

کٹلی

sokeriastia

شگر باؤل

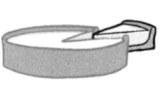

annos

ٹکڑو

espressokeitin

ایسپریسو مشین

syöttötuoli

اونچی کرسی

lasku

بل

tarjotin

ٹرے

veitsi

چھری

haarukka

کانٹو

lusikka

چمچ

teelusikka

چانهن جو چمچو

servietti

سرویٹی

lasi

گلاس

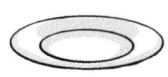

lautanen

پلیٹ

syvä lautanen

سوپ پلیٹ

aluslautanen

ساسر

kastike

چٹنی

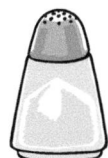

suolasirotin

لوٹ دانی

pippurimylly

مرچ پیسٹ والو

etikka

سرکو

öljy

کاڈو پچائٹ وارو تیل

mausteet

مصالحو

ketsuppi

کیچ اپ

sinappi

سرنهن

majoneesi

مایونیز

supermarketti

سپر مارڪيٽ

tarjous
خصوصي آفر
FOR
asiakas
خريدار
maitotuotteet
ڊيري
hedelmät
فروٽ
ostoskärryt
ٽرالي

BUTCHERS

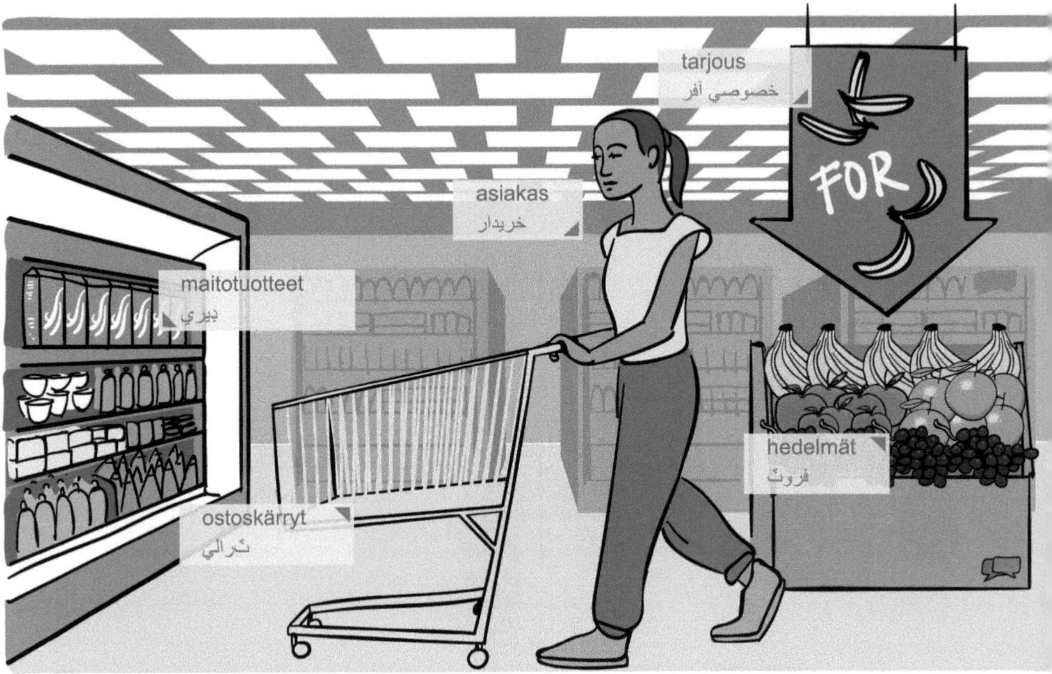

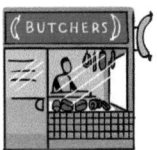

teurastamo

گوشت جي دڪان

BAKERY

leipomo

بيڪري

punnita

وزن ڪرڻ

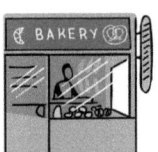

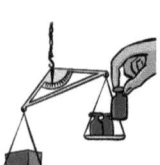

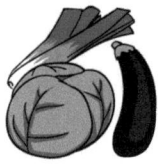

kasvikset

سبزيون

liha

گوشت

pakasteet

جميل کاڌو

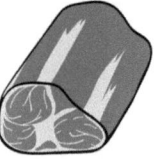

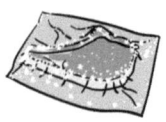

leikkele

سرد گوشت

säilykkeet

ڈبي م بند کاڈو

pesujauhe

واشنگ پاؤدر

makeiset

مٹھائي

kotitaloustarvikkeet

گھريلو سامان

puhdistusaineet

صفائي کرڻ وارا پرابکٹس

myyjä

سيلز پرسن

kassa

کيش رجسٹر

kassanhoitaja

خزانچي

ostoslista

خريداري جي فهرست

aukioloajat

اوقات کار

lompakko

پرس

luottokortti

کريڈٹ کارڊ

kassi

بيگ

muovipussi

پلاسٹک بيگ

vesi

پاڻي

mehu

جوس

maito

کیر

kokis

کوک

viini

وائن

olut

بیئر

alkoholi

الکوهل

kaakao

کوکو

tee

چائي

kahvi

کافي

espresso

ایسپریسو

cappuccino

کپیو چینو

banaani

كيلو

omena

صوف

appelsiini

مالٹو

meloni

خربوذو

sitruuna

ليمون

porkkana

گجر

valkosipuli

ٹوم

bambu

بانس

sipuli

بصر

sieni

كنپي

pähkinät

اخروٹ، بادام

spagetti

نوڈلز

spagetti

اسپیگتّي

riisi

چانور

salaatti

سلاد

ranskalaiset

چپس

paistetut perunat

تريل پٽاٽا

pitsa

پيزا

hampurilainen

هيم برگر

voileipä

سينڊوچ

leike

گوشت جو ٽڪرو

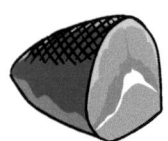

kinkku

سور جي ران جو گوشت

salami

خشڪ گوشت

makkara

ساسيج

kana

مرغي

paisti

روسٽ

kala

مڇي

kaurahiutaleet

جَوْ جو دليا

mysli

ميوزلي

murot

كارن فليكس

jauho

آٹو

voisarvi

كرونسنٹ

sämpylä

بریڈ رول

leipä

بریڈ

paahtoleipä

ٹوسٹ

keksit

بسکٹ

voi

مکّنا

rahka

دہی

kakku

کیک

kananmuna

انڈا

paistettu kananmuna

فرائي ٹیل انڈو

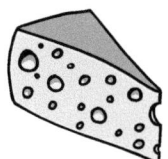

juusto

پنیر

jäätelö

أئس كريم

sokeri

كند

hunaja

ماكي

hillo

مربو

suklaapähkinälevite

چاكليت اسپريد

curry

پاجي

maatila
فارم هائوس

lato; liiteri
گدام

heinäpaali
پلال جوگنڊ

pelto
زمين

hevonen
گهوڙو

peräkärry
ٽريلر

varsa
گهوڙي جو ٻچو

traktori
ٽريڪٽر

aasi
گڏه

karitsa
رڍ جو ٻچو

lammas
رڍ

vuohi
ٻڪري

lehmä
ڳئون

vasikka
ڦاڙو

sika
سؤر

porsas
سؤر جو ٻچو

sonni
ڏاڳو

hanhi

هنس

ankka

بدک

tipu

چوزا

kana

مرغي

kukko

مرغو

rotta

کونو

kissa

بلي

hiiri

کونو

härkä

ڈانڈ

koira

کتو

koirankoppi

کتي جو گھر

puutarhaletku

گاردن هوز

kastelukannu

پاڻي جو کين

viikate

ڈاڻو

aura

هر

sirppi

ڎاٽو

kuokka

رنبو

talikko

ڎانداري

kirves

كهاڙو

kottikärryt

هٽ سان هلائڻ واري ريڙهي

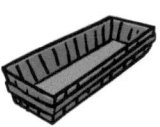

kaukalo

حوض

maitokannu

كير جو ڊبو

säkki

ڳوڻ

aita

لوڙهو

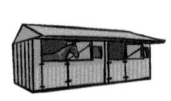

talli

اصطبل

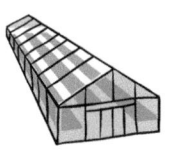

kasvihuone

گرين هائوس

maa

مٽي

siemen

ٻج

lannoite

كهاد

leikkuupuimuri

كمبائنڊ هارويسٽر

kerätä sato

فصل ڪنڍ

sato

فصل ڪنڍ

jamssit

هڪ قسم جي ترڪاري

vehnä

ڪڻڪ

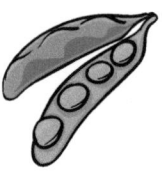

soija

سويا

peruna

پٽاٽو

maissi

مڪائي

rypsi

توري جو ٻج

hedelmäpuu

ميون جو وڻ

maniokki

ڪساوا

vilja

اناج

savupiippu
چمني

katto
چھت

sadevesikouru
نکاسي جو پائپ

ikkuna
دري

autotalli
گيراج

ovikello
دروازي جي گھنٽي

ovi
دروازو

roska-astia
کچري جي نڪوکري

postilaatikko
ليٽر باکس

puutarha
باغ

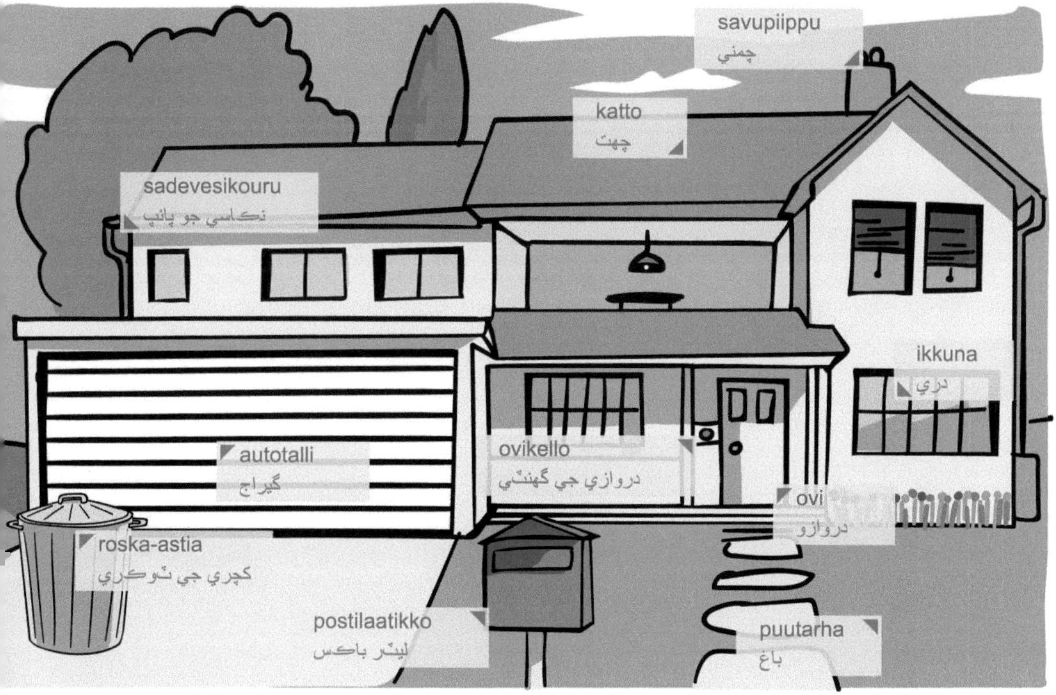

olohuone
لوونگ روم

kylpyhuone
غسل خانو

keittiö
باورچي خانو

makuuhuone
بيڊروم

lastenhuone
ٻارن جو کمرو

ruokahuone
ڊائننگ روم

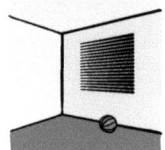

lattia

فرش

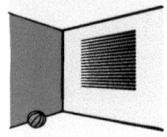

seinä

ديوار

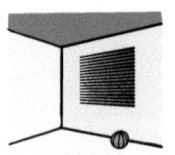

katto

چھت

kellari

تہخانو

sauna

ہاف وارو غسل

parveke

بالکونی

terassi

ٹیرس

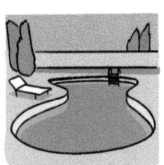

uima-allas

تلاؤ

ruohonleikkuri

گاہ کٹ واري مشین

lakana

چادر

päiväpeitto

چادر

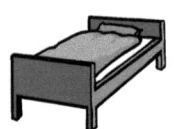

sänky

بيڈ

harja

جھاڑو

ämpäri

بالٹي

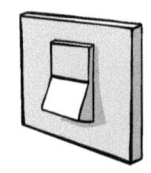

katkaisin

سوئچ

tapetti
وال پیپر

kuva
تصویر

lamppu
لیمپ

hylly
شیلف

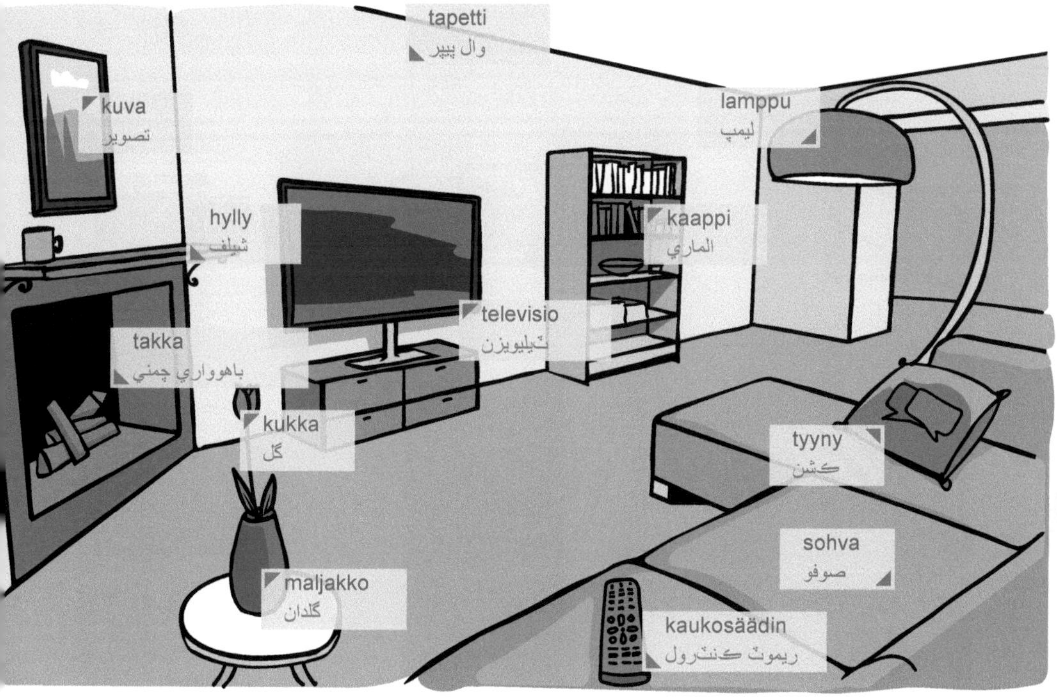

kaappi
الماري

takka
باهوواري چمني

televisio
ٹیلیویژن

kukka
گل

tyyny
کشن

sohva
صوفو

maljakko
گلدان

kaukosäädin
ریموٹ کنٹرول

	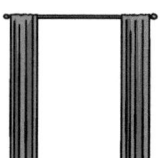	
matto	verho	pöytä
قالین	پردو	میز

tuoli	keinutuoli	nojatuoli
کرسي	لٹڪ واري کرسي	آرام کرسي

kirja

كتاب

peitto

كمبل

koriste

آرائش

polttopuut

پارٹ واریون کانیون

elokuva

فلم

stereot

هائي فائي

avain

چابي

sanomalehti

اخبار

maalaus

پينٹنگ

juliste

پوسٹر

radio

ريڈيو

muistivihko

نوٹ بک

pölynimuri

ویکیوم کلینر

kaktus

ٹوهر جو ٻوٽو

kynttilä

ميڻ بتي

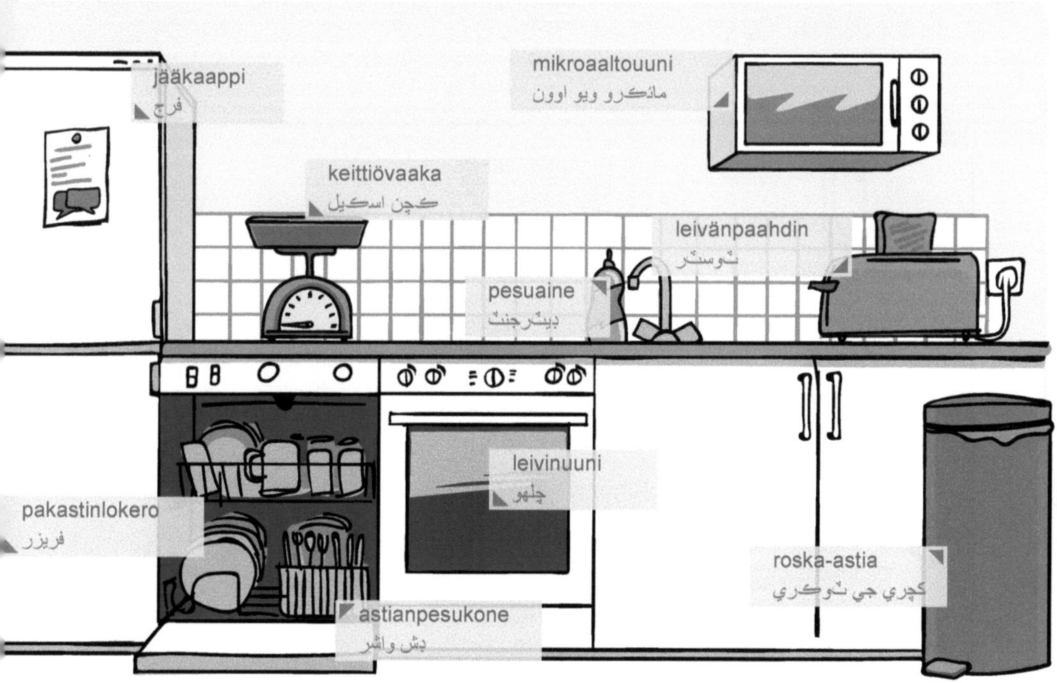

jääkaappi
فرج

mikroaaltouuni
مائكرو ويو اوون

keittiövaaka
كچن اسكيل

leivänpaahdin
ٹوسٹر

pesuaine
ڈيٹرجنٹ

leivinuuni
چلهر

pakastinlokero
فريزر

roska-astia
كچري جي ٹوكري

astianpesukone
ڈش واشر

liesi
كُكر

kattila
ٹانو

rautapata
كاسٹ آئرن جا ٹانو

okkipannu / kadai-pannu
كڑهاني

paistinpannu
ترڻ وارو ٹانو

teepannu
كتلي

höyrykeitin

استيمر

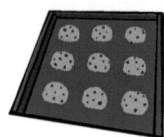

uunipelti

بیکنگ ٹري

astiat

کراکري

muki

مگ

kulho

پيالو

syömäpuikot

چاپ استکس

kauha

ڈونؤي

paistinlasta

تفلي

vispilä

سبزي مکسر

siivilä

چھاني

siivilä

چھاني

raastin

کدو کش وارو اوزار

mortteli

اکري

grilli

بار بي کيو

avotuli

کليل باه

leikkuulauta

سبزي كاٹ وارو بورڈ

kaulin

ویلڻ

korkinavaaja

كارك اسكريو

purkki

كين

purkinavaaja

كين اوپنر

pannulappu

تانوَ پكڙڻ وارو كپڙو

lavuaari

سنك

tiskiharja

برش

pesusieni

اسفنج

tehosekoitin

بليندر

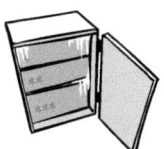

pakastin

ڊيپ فريزر

tuttipullo

بار جي بوتل

vesihana

نل

kylpyhuone

غسل خانو

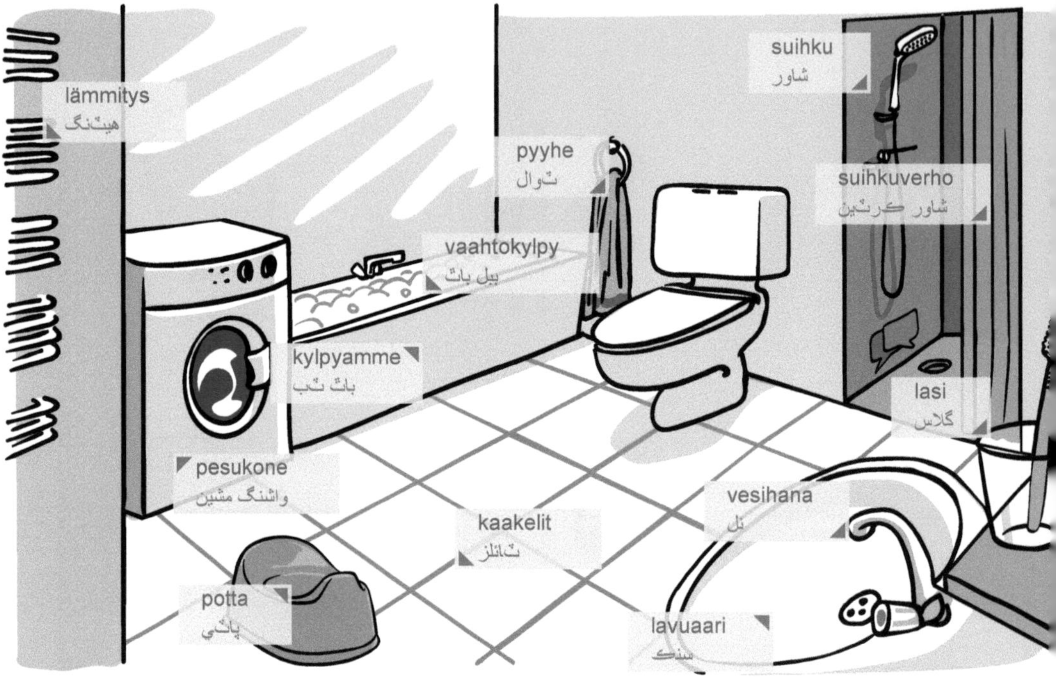
lämmitys
هیټنگ
pyyhe
ټوال
vaahtokylpy
ببل باټ
kylpyamme
باټ ټب
pesukone
واشنگ مشین
kaakelit
ټائلز
potta
پاټي
suihku
شاور
suihkuverho
شاور کرټین
lasi
گلاس
vesihana
نل
lavuaari
سنک

vessa

ټائلټ

kyykkyvessa

اوکڑو ویهڅ وارو ټوائلټ

bidee

شرم گاه ڈونڅ وارو ټب

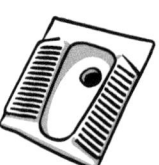

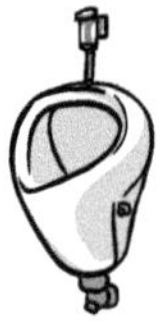

pisuaari

پیشاب گاه

vessapaperi

ټائلټ پیپر

vessaharja

ټائلټ برش

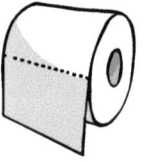

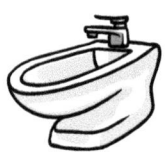

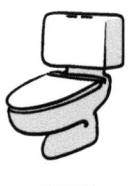

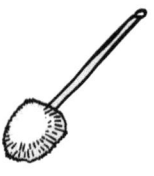

hammasharja

ننّوّته برش

hammastahna

ننّوّته پیست

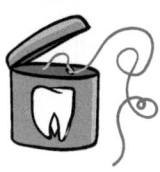

hammaslanka

دیننّتل فلاس

pestä

دوئن

käsisuihku

هیندب شاور

intiimisuihku

شاور

pesuvati

بیک برش

selkäharja

بیک برش

saippua

صابن

suihkugeeli

شاور جیل

shampoo

ننّیمپو

pesulappu

فلالین

viemäri

درین

voide

کریم

deodorantti

دیبودورننّت

peili

آئينو

käsipeili

هنڈ م پکڑڻ وارو آئينو

partaveitsi

ريزر

partavaahto

شيونگ فوم

partavesi

آفٹر شيو

kampa

ڦڻي

harja

برش

hiustenkuivaaja

هينئر ڊرائير

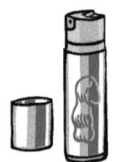

hiuslakka

هينئر اسپري

meikki

ميک اپ

huulipuna

سرخي

kynsilakka

نيل وارنش

pumpuli

ڪپہ

kynsisakset

نيل سيزر

hajuvesi

پرفيوم

kosmetiikkalaukku

واش بيگ

jakkara

اسٹول

vaaka

وزن كرڻ واري مشين

kylpytakki

باٿ روب

kumihansikkaat

ربڙ جا دستانا

tamponi

ٹيمپون

terveysside

صفائي وارو ٽاول

kemiallinen wc

كيمياني ٽوائلٽ

lastenhuone

ٻارن جو ڪمرو

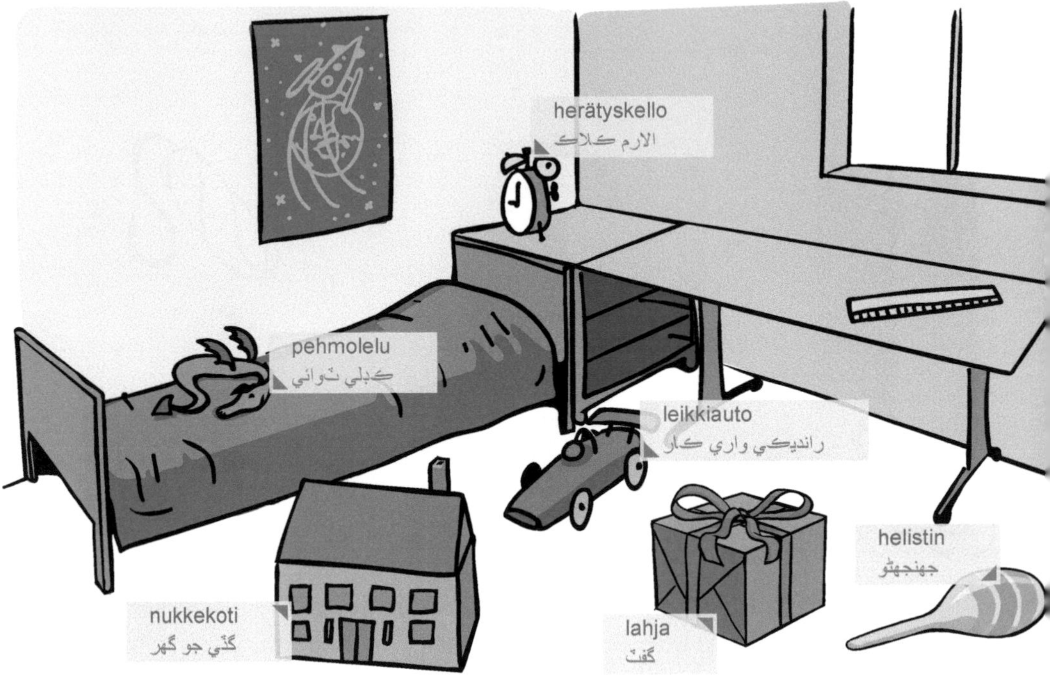
herätyskello
الارم ڪلاڪ
pehmolelu
ڪڊلي ٽوائي
leikkiauto
رانديڪي واري ڪار
helistin
جهنجهٽو
nukkekoti
گڏي جو گهر
lahja
گفٽ

ilmapallo

ڦوڪڻو

sänky

بيڊ

lastenvaunut

ٻار جي گاڏي

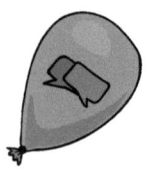

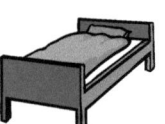

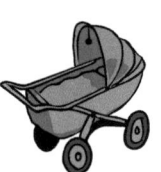

korttipeli

ڊيڪ آف ڪارڊز

palapeli

جگسا

SUPER MEGA

sarjakuva

ڪامڪ

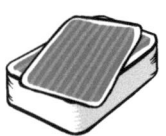

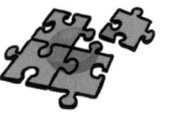

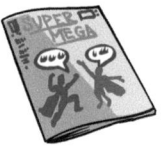

legopalikat

ليگوبرگس

rakennuspalikat

راندیكن وارا بلاكس

supersankari

ایكشن فگر

potkupuku

بيبي گرو

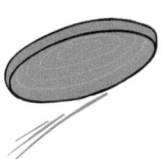

frisbee

فرسبي

mobile

راندیكي واري موبائل

lautapeli

بورڈ گيم

noppa

چهكو

pienoisjunarata

مادل ٹّرين سيٹ

tutti

بارن جي چوسڻ واري نپل

juhlat

پارٹّي

kuvakirja

تصوير واري كتاب

pallo

بال

nukke

گڏّي

leikkiä

كيڏڻ

hiekkalaatikko

سينڊ پِٽ

keinu

جهولا

lelut

رانديڪا

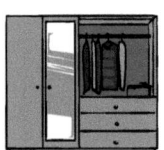

pelikonsoli

وڊيو گيم ڪنسول

kolmipyörä

ٽَنِ قِيٽَن واري سائيڪل

nalle

ٽيڊي بيئر

vaatekaappi

ڪپڙن جي الماري

---

vaatteet

لباس

sukat

جرابا

nylonsukat

اسٽاڪنگز

sukkahousut

ٽائٽس

kaulaliina
اسكارف

sateenvarjo
چـتّري

t-paita
تـي شـرت

vyö
بيلتّ

saappaat
بوتّ

sisätossut
چپل

lenkkarit
جاگر شوز

sandaalit
سـينـدبل

kengät
جوتا

kumisaappaat
ربڑ جا بوتّ

alushousut
انـدربـيـنـتّـس

rintaliivit
بريزر

aluspaita
واسـكـتّ

body

جسم

housut

پتلون

farkut

جينز پينٹ

hame

اسکرٹ

pusero

چولو

paita

قميض

villapaita

جرسي

collegepaita

ہوڈي

jakku

بليزر

takki

جيکٹ

takki

کوٹ

sadetakki

بارش ميں پانٹ وارو کوٹ

puku

پوشاک

mekko

لباس

hääpuku

شادي جولباس

puku

سوٽ

yöpaita

نائٽ گاؤن

pyjama

پاجامو

shari

ساڙي

päähuivi

مٿي تي بڌل وارو اسڪارف

turbaani

پگڙي

burka

برقعو

kaftaani

ڪفتان

abaya

عبايو

uimapuku

تيراڪي جو لباس

uimahousut

چڍي

shortsit

نيڪر

verkkarit

ٽريڪ سوٽ

esiliina

اپرن

käsineet

دستانا

nappi

بٹن

silmälasit

چشمو

rannekoru

بريسليٹ

kaulakoru

هار

sormus

مندي

korvakoru

واليون

lippalakki

ٹوپي

ripustin

کوٹ هينگر

hattu

ٹوپي

solmio

ٹائي

vetoketju

زپ

kypärä

هيلمٹ

henkselit

بريسز

koulupuku

اسکول يونيفارم

univormu

وردي

ruokalappu

ٻارن لاءِ ڳلي ۾ ٻڌڻ وارو ڪپڙو

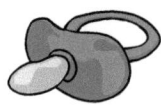

tutti

ٻارن جي چوسڻ واري نپل

vaippa

ڪچو

toimisto

آفس

palvelin — سرور

asiakirjakaappi — فائلن جي الماري

tulostin — پرنٽر

näyttö — مانيٽر

paperi — ڪاغذ

kirjoituspöytä — ميز

hiiri — ماؤس

kansio — فولڊر

näppäimistö — ڪي بورڊ

roskakori — ردي جي ٽوڪري

tietokone — ڪمپيوٽر

tuoli — ڪافي مگ

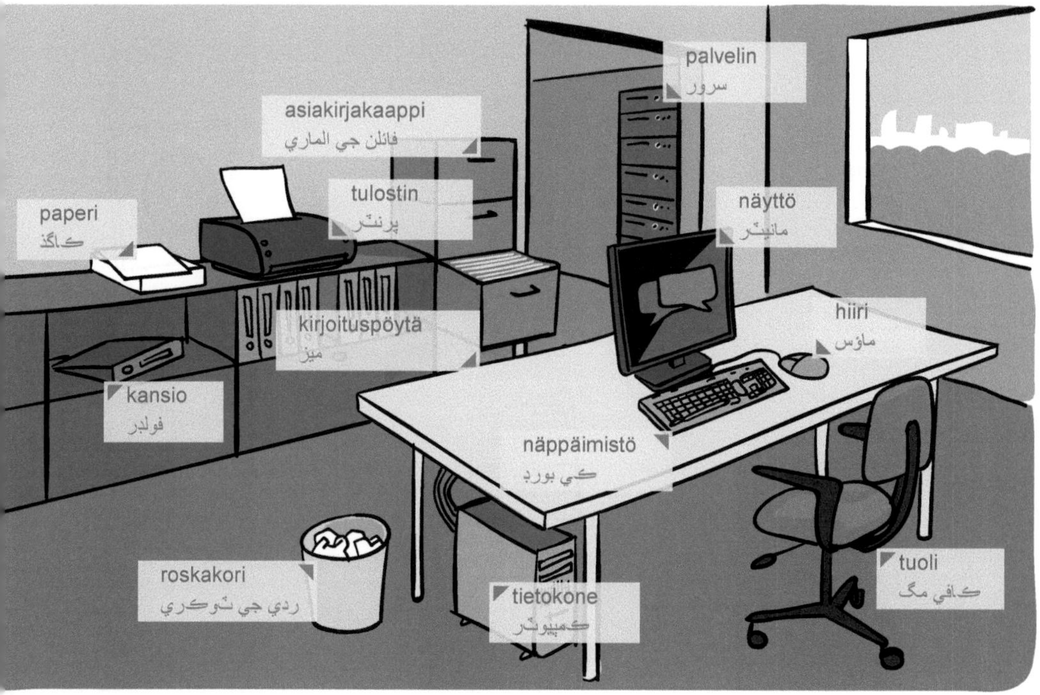

kahvimuki

ڪافي مگ

taskulaskin

ڪيلڪيوليٽر

internet

انٽرنيٽ

kannettava tietokone

لیپ ٹاپ

kirje

خط

viesti

پیغام

kännykkä

موبائل

verkko

نیٹ ورک

kopiokone

فوٹو کاپی کرنٹ واري مشین

ohjelmisto

سافٹ ویئر

puhelin

ٹیلي فون

pistorasia

پلگ ساکٹ

faksi

فیکس مشین

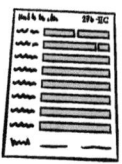

lomake

فارم

asiakirja

دستاویز

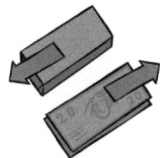

ostaa

خرید کرنا

maksaa

ادا کرنا

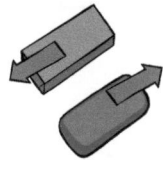

vaihtaa

صاف کرنا

raha

پیسا

dollari

ڈالر

euro

یورو

jeni

ین

rupla

روبل

frangi

سوئس فرانک

renminbi juan

رینمنبی یوآن

rupia

روپیو

pankkiautomaatti

کیش پواننٹ

rahanvaihto

رقم تبديل كرائٹ جي آفيس

kulta

سون

hopea

چاندي

öljy

خام تيل

energia

توانائي

hinta

قيمت

sopimus

معاهدو

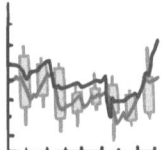

vero

ٹيکس

osake

ذخيرو

työskennellä

کم کرڻ

työntekijä

ملازم

työnantaja

آجر

tehdas

فيکٹري

liike

دکان

ammatit
پيشو

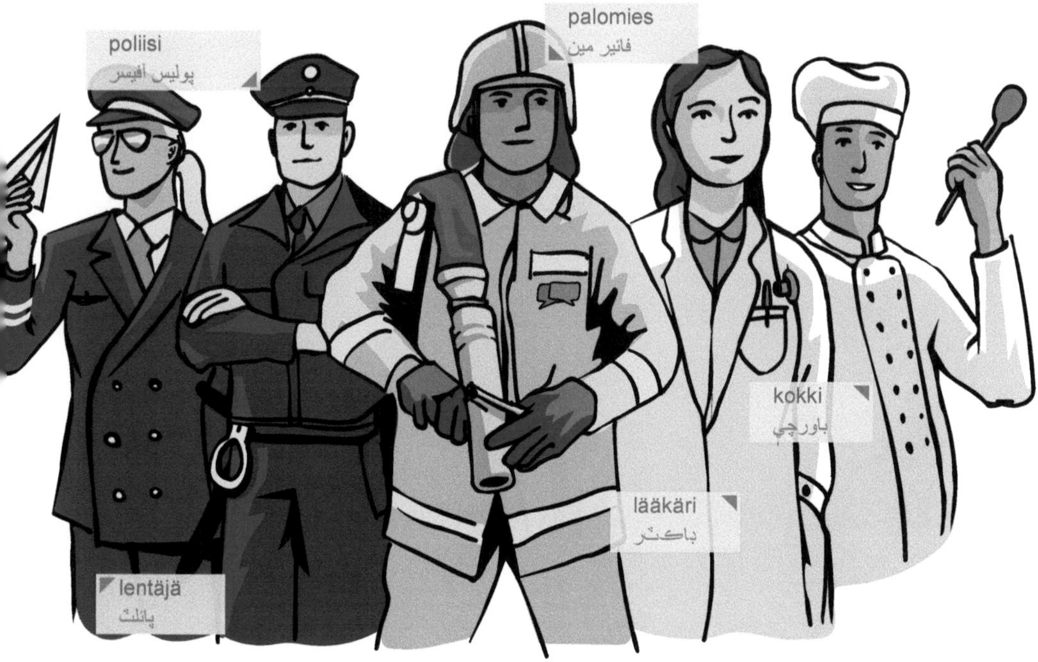

poliisi
پولیس افسر
palomies
فائير مين
kokki
باورچي
lääkäri
ڈاکٹر
lentäjä
پائلٹ

puutarhuri

مالي

puuseppä

وايو

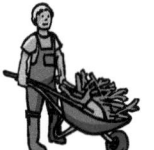

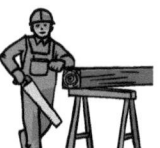

ompelija

درزن

tuomari

جج

kemisti

کیمیسټ

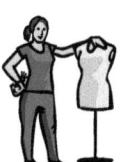

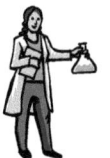

näyttelijä

اداکار

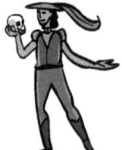

linja-autonkuljettaja

بس ڈرائيور

taksinkuljettaja

ٹيکسي ڈرائيور

kalastaja

مچي مارڻ وارو

siivooja

صفائي كرڻ واري ماني

katontekijä

چهت ٺاهڻ وارو

tarjoilija

ويٽر

metsästäjä

شكاري

maalari

رنگ ساز

leipuri

نانوائي

sähköasentaja

اليڪٽريشن

rakentaja

بلدر

insinööri

انجينر

teurastaja

ڪاسائي

putkiasentaja

پلمبر

postinjakaja

پوسٽ مين

sotilas

سپاهي

arkkitehti

آركيټيكټ

kassanhoitaja

خزانچي

floristi

گل کپائڼ وارو

kampaaja

نائي

konduktööri

کنډيکټر

mekaanikko

مکينک

kapteeni

کپتان

hammaslääkäri

ډينټسټ

tiedemies

سائنسدان

rabbi

يهودي عالم

imaami

امام

munkki

راهب

pappi

پادري

työkalut
اوزار

vasara
هټوړو
pihdit
پلاس
ruuvimeisseli
پیچ کش
jakoavain
پانو
taskulamppu
ټارچ

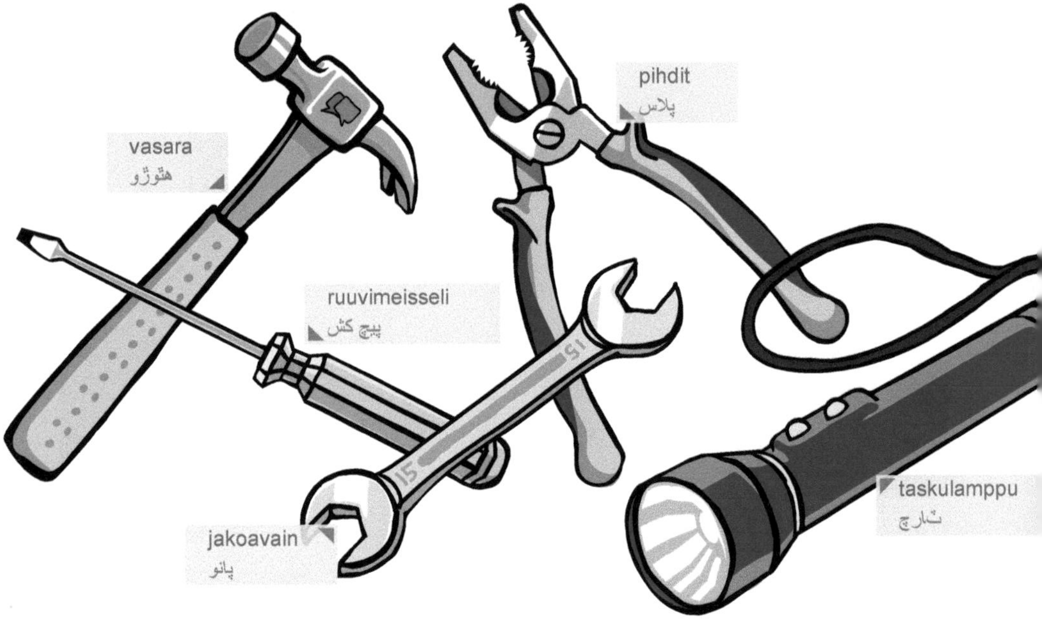

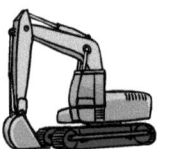

kaivinkone

ایکسکویټر

työkalupakki

ټول باکس

tikkaat

ډاکډ

saha

آري

naulat

کوکو

pora

برل

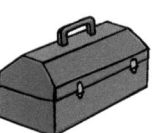

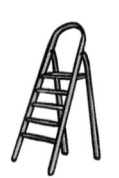

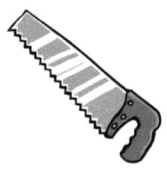

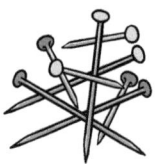

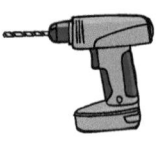

korjata

مرمت كرڻ

lapio

بيلچو

Hitto!

لعنت هجي!

rikkalapio

كچري دان

maalipurkki

پينٽ وارو ڊٻو

ruuvit

پيچ

soittimet

موسيقي جا اوزار

piano

پیانو

viulu

وائلن

basso

گٹار

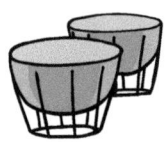

patarummut

ٹمپاني

rumpu

ڈرم

kosketinsoitin

كي بورڈ

saksofoni

سیكسوفون

huilu

بانسري

mikrofoni

مائیكروفون

eläintarha
چڙيا گهر

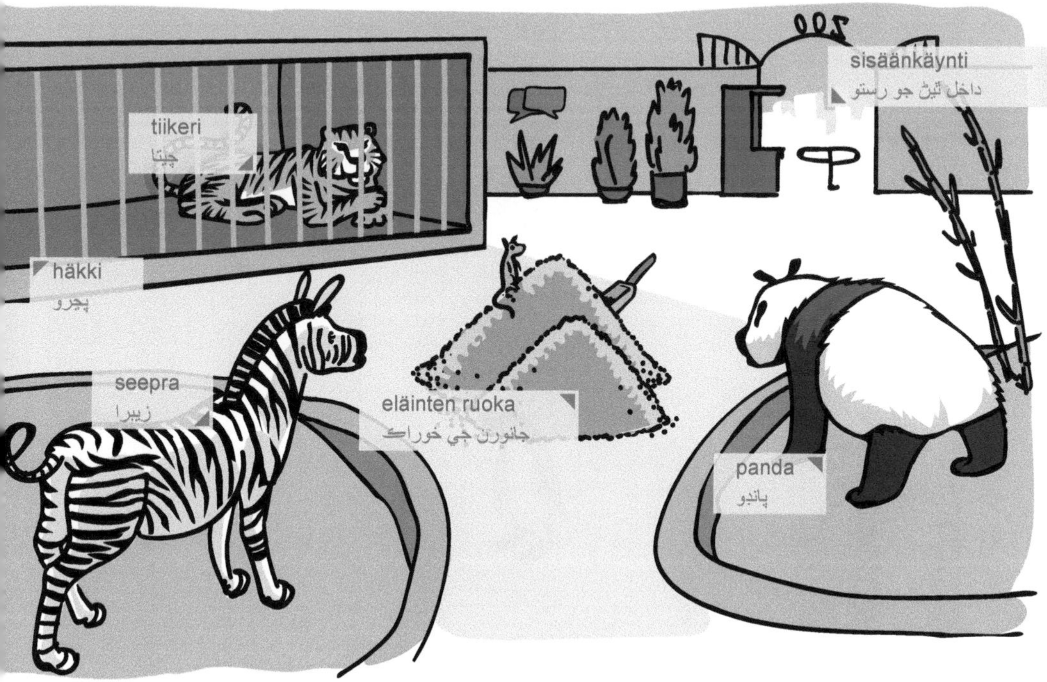

sisäänkäynti
داخل ٿيڻ جو رستو
tiikeri
چيتا
häkki
پڃرو
seepra
زيبرا
eläinten ruoka
جانورن جي خوراڪ
panda
پانڊو

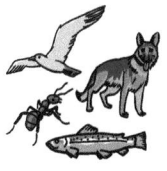

eläimet

جانور

norsu

هاٿي

kenguru

ڪينگرو

sarvikuono

گينڊو

gorilla

گوريلو

karhu

رڇ

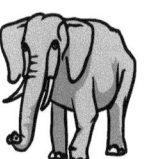

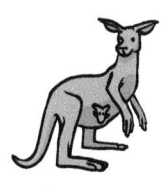

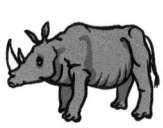

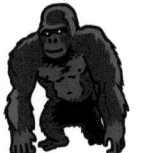

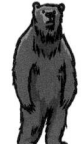

kameli

اٺ

strutsi

شتر مرغ

leijona

ﺷﻴﻨﻬﻦ

apina

پولڙو

flamingo

فليمنگو

papukaija

طوطو

jääkarhu

برفاني رچ

pingviini

كبوتر

hai

شارك

riikinkukko

مور

käärme

نانگ

krokotiili

واگون

eläintarhanhoitaja

چڙيا گھر جو محافظ

hylje

گوج مڇي

jaguaari

چيتو

poni

نٽنون

leopardi

چيتو

virtahepo

درياني گهوڙو

kirahvi

چزراف

kotka

باز

villisika

سونر

kala

مڇي

kilpikonna

ڪمي

mursu

سامونڊي گهوڙو

kettu

لومڙي

gaselli

هرڻ

amerikkalainen jalkapallo
آمریکن فوٹبال

pyöräily
سائیکلنگ

tennis
ٹینس

koripallo
باسکٹ بال

uinti
تیراکی

nyrkkeily
باکسنگ

jääkiekko
آئس ہاکی

jalkapallo
فوٹبال

sulkapallo
بیڈمنٹن

yleisurheilu
ایتھلیٹکس

käsipallo
ہینڈ بال

hiihto
اسکیننگ

poolo
پولو

nauraa
کلش

hypätä
ٹپو ڈیݜ

halata
پاکر پانڑ

kävellä
ھلش

laulaa
گانو گانڑ

unelmoida
خواب ڈسݜ

rukoilla
دعا کرݜ

suudella
چمی ڈیݜ

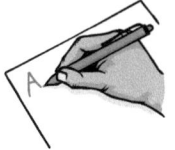

kirjoittaa

لکڑ

piirtää

تصویر کشی کرݜ

näyttää

ڈیکارݜ

painaa

ڈکو ڈیݜ

antaa

ڈیݜ

ottaa

ونڑ

omistaa

رکھڻ

tehdä

کرڻ

olla

ٿيڻ

seisoa

بيھڻ

juosta

ڊڪڻ

vetää

ڇڪڻ

heittää

اڇلائڻ

kaatua

ڪرڻ

maata

ڪروٽ ڳالھائڻ

odottaa

انتظار ڪرڻ

kantaa

کڻي وڃن

istua

ويھڻ

pukeutua

تيار ٿيڻ

nukkua

سمنھڻ

herätä

جاڳڻ

katsoa

ڈیسٹ

itkeä

روئٹ

silittää

ڈک ہٹھ

kammata

کنگي کرٹ

puhua

گالھائٹ

ymmärtää

سمجھٹ

kysyä

پچٹ

kuunnella

ھٹٹ

juoda

پیٹٹ

syödä

کاٹ

siivota

صاف کرٹ

rakastaa

پیار کرٹ

keittää

پچاٹٹ

ajaa

گاڈي ہلاٹٹ

lentää

انٹرٹ

purjehtia

بحري سفر کرنا

laskea

حساب کرنا

lukea

پڑھنا

oppia

سیکھنا

työskennellä

کام کرنا

mennä naimisiin

شادي کرنا

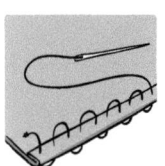

ommella

سینا

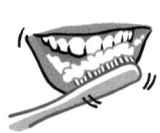

pestä hampaat

دّاندن کي برش کرنا

tappaa

قتل کرنا

tupakoida

سگریٹ پینا

lähettää

موکلنا

mummo
ڈاڈی یا نانی

ukki
ڈاڈُو یا نانو

isä
پی

äiti
ماء

vauva
بار

tytär
ٹی

poika
پُتّ

vieras

مہمان

täti

چاچی

setä

چاچو

veli

ياءُ

sisko

پین

vartalo

جسم

otsa
پيشاني
silmä
اک
olkapää
ڪلهو
sormet
آڱر
kasvot
منهن
leuka
ڪاڏي
käsi
هٿ
jalka
ٽنگ
rinta
ڇاتي
käsivarsi
ٻانهن

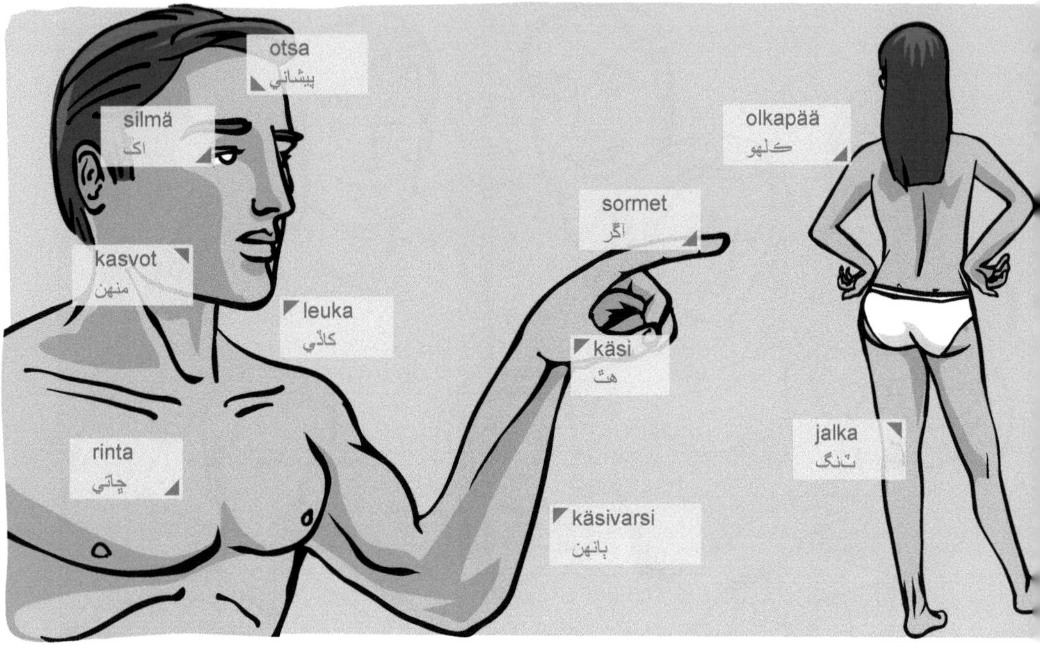

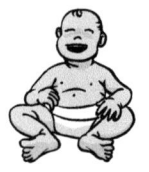

vauva

ٻار

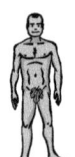

mies

ماڻهون

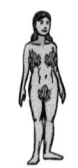

nainen

عورت

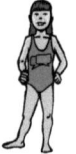

tyttö

ڇوڪري

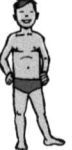

poika

ڇوڪرو

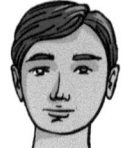

pää

مٿو

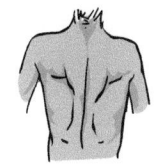

selkä

پٹھی

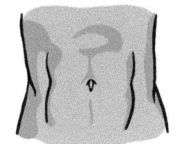

maha

پیٹ

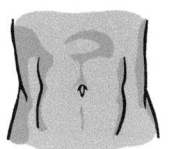

napa

دن

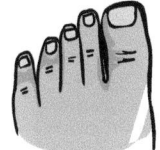

varvas

پیر جو آگوٹو

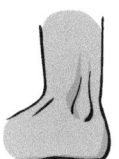

kantapää

کڑی

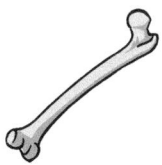

luu

هٹي

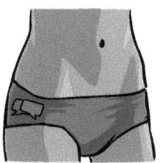

lantio

پندٹ

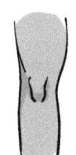

polvi

گوڈو

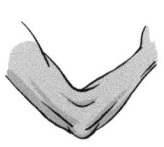

kyynärpää

نونٹ

nenä

نڪ

takapuoli

هيٺهيون حصو

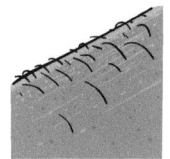

iho

کل

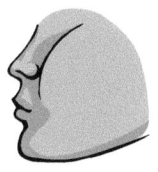

poski

ڳل

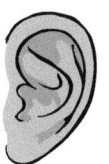

korva

ڪن

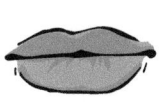

huuli

چپ

suu

وات

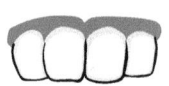

hammas

دَند

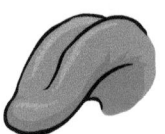

kieli

زبان

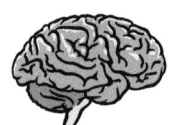

aivot

دماغ

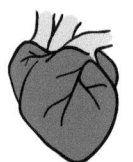

sydän

دل

lihas

دُورو

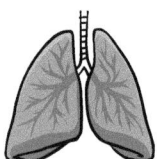

keuhkot

قفز

maksa

جگر

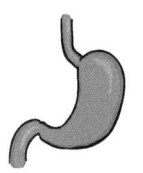

vatsa

معدو

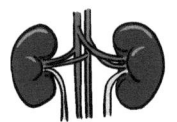

munuaiset

گردا

seksi

جماع کرنْ

kondomi

کنڈوم

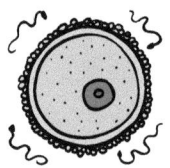

munasolu

بیضہ

sperma

منی

raskaus

حمل

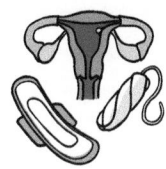

kuukautiset

حيض

vagina

ﭘﭽﭽﯿﺪﺍﻧﻲ ﺟﻲ ﻧﺎﻟﻲ

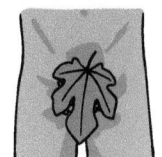

penis

ﻣﺮﺩﺍﻧﻮ ﻣﺨﺼﻮﺹ ﻋﻀﻮﻭ

kulmakarvat

ﭘﺮﻭﻥ

hiukset

ﻭﺍﺭ

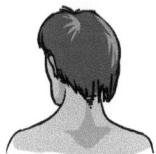

niska

ﮔﭽﻲ

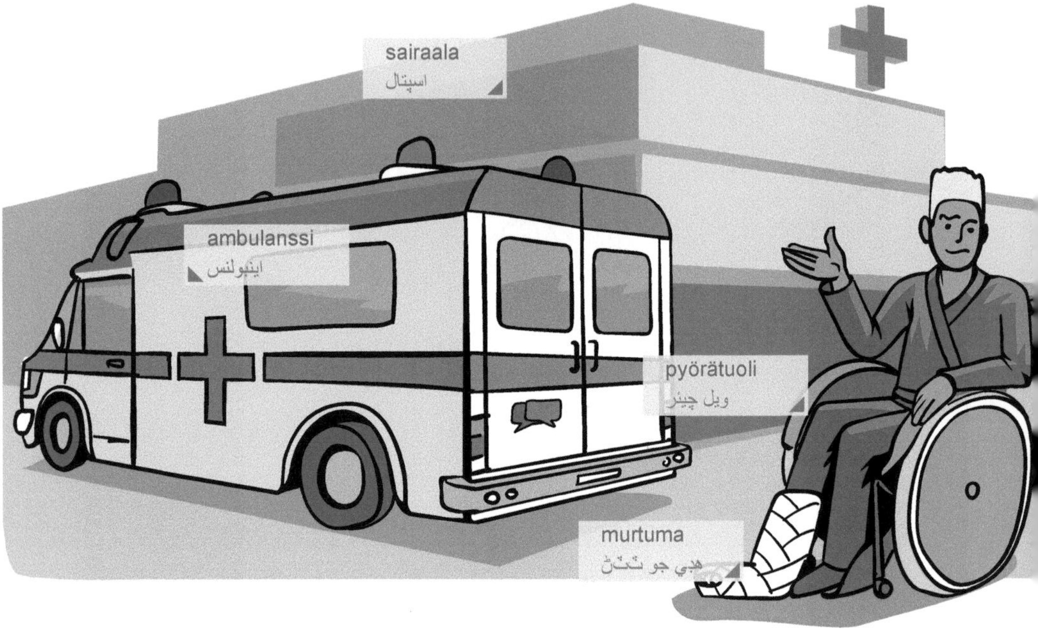

sairaala
اسپتال

ambulanssi
اينبولنس

pyörätuoli
ویل چیئر

murtuma
ہڈی جو ٹوٹنا

lääkäri
ڈاکٹر

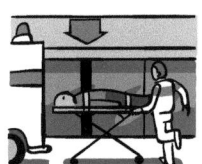

ensiapu
ہنگامي كمرو

sairaanhoitaja
نرس

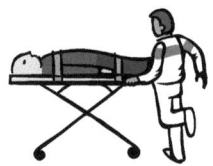

hätätilanne
ایکسری

tajuton
بیہوش

kipu
سور

vamma

زخم

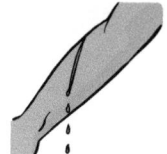

verenvuoto

رت وهڻ

sydänkohtaus

دل جو دورو

aivoinfarkti

فالج

allergia

الرجي

yskä

کنگهه

kuume

بخار

flunssa

زکام

ripuli

دست

päänsärky

مٿي جو سور

syöpä

کينسر

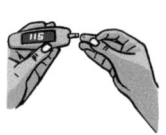

diabetes

ذيابيطس

kirurgi

سرجن

veitsi

جراحي بليڊ

leikkaus

آپريشن

ct

سي ٽي

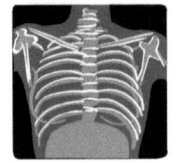

röntgen

ايڪسري

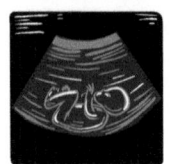

ultraääni

الٽراساؤنڊ

maski

منهن جي ماسڪ

sairaus

بيماري

odotushuone

انتظار ڪرڻ جو ڪمرو

sauva

بيساکهي

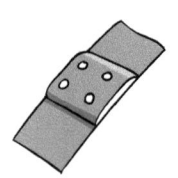

laastari

پالاسٽر

side

پٽي

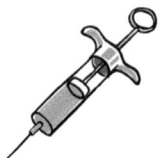

pistos

انجيڪشن

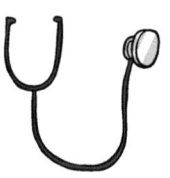

stetoskooppi

اسٽيٿهوسڪوپ

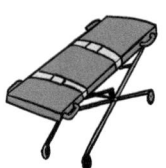

paarit

اسٽريچر

kuumemittari

ٿرماميٽر

syntymä

پيدائش

ylipaino

موٽاپو

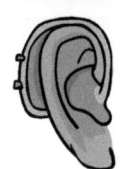

kuulolaite

ہئٹ واري ڈيوائس

desinfiointiaine

جراثیم کش

infektio

انفیکشن

virus

وائرس

HIV / AIDS

ایچ آئی وی / ایڈز

lääke

دوا

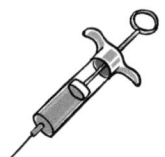

rokotus

ویکسینیشن

tabletit

ٹکی

pilleri

گولی

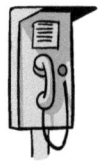

hätäpuhelu

ہنگامی کال

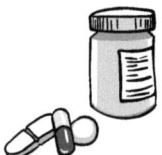

verenpainemittari

بلڈ پریشر مانیٹر

sairas / terve

بیمار / صحت

Apua!

مدد

hälytys

الارم

ryöstö

جسماني حملو کرڻ

hyökkäys

حملو کرڻ

vaara

خطره

hätäuloskäynti

هنگامي حالت ۾ نڪرن جو رستو

Tulipalo!

باھ

palosammutin

باھ وسائٽ جو اوزار

onnettomuus

حادثو

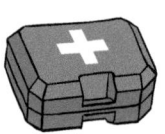

ensiapulaukku

ابتدائي طبي امداد

SOS

ايس او ايس

poliisilaitos

پوليس

Eurooppa

يورپ

Pohjois-Amerikka

اتر آمریکا

Etelä-Amerikka

ڈکن آمریکا

Afrikka

أفريقا

Aasia

ايشيا

Australia

آسٹریلیا

Atlantin valtameri

اٹلانٹک

Tyynimeri

پیسفک

Intian valtameri

بحر هند

Eteläinen jäämeri

انٹارکٹک سمندر

Pohjoinen jäämeri

آرکٹک سمندر

pohjoisnapa

اتر قطب

etelänapa

ذَكَث قطب

Antarktis

انٹارکٹیکا

maa

زمین

maa

زمین

meri

سمنڈ

saari

جزیرو

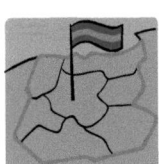

kansa

قوم

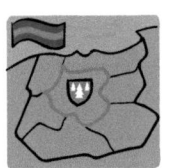

osavaltio

ریاست

kellotaulu

گھڙي جو سامهون حصو

tuntiviisari

كلاڪ واري سوئي

minuuttiviisari

منٽ واري سوئي

sekuntiviisari

سيڪنڊن واري سوئي

Paljonko kello on?

ٽائم گھٽو ٿيو آهي؟

päivä

ڏينهن

aika

وقت

nyt

هاڻي

digitaalikello

ڊجيٽل گھڙي

minuutti

منٽ

tunti

ڪلاڪ

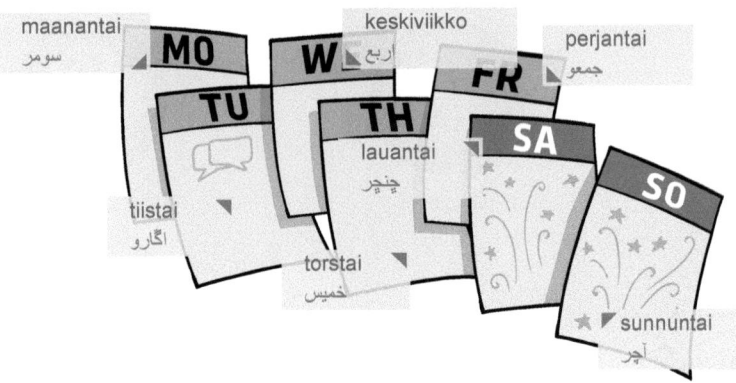

maanantai
سومر

keskiviikko
اربع

perjantai
جمعو

tiistai
اگارو

torstai
خميس

lauantai
چنڇر

sunnuntai
آچر

eilen
كله

tänään
اڄ

huomenna
سباڻي

aamu
صبح

keskipäivä
منجهند

ilta
شام

MO	TU	WE	TH	FR	SA	SU
1	2	3	4	5	6	7
8	9	10	11	12	13	14
15	16	17	18	19	20	21
22	23	24	25	26	27	28
29	30	31	1	2	3	4

työpäivät
ڪاروباري ڏينهن

MO	TU	WE	TH	FR	SA	SU
1	2	3	4	5	6	7
8	9	10	11	12	13	14
15	16	17	18	19	20	21
22	23	24	25	26	27	28
29	30	31	1	2	3	4

viikonloppu
هفتي جو آخر

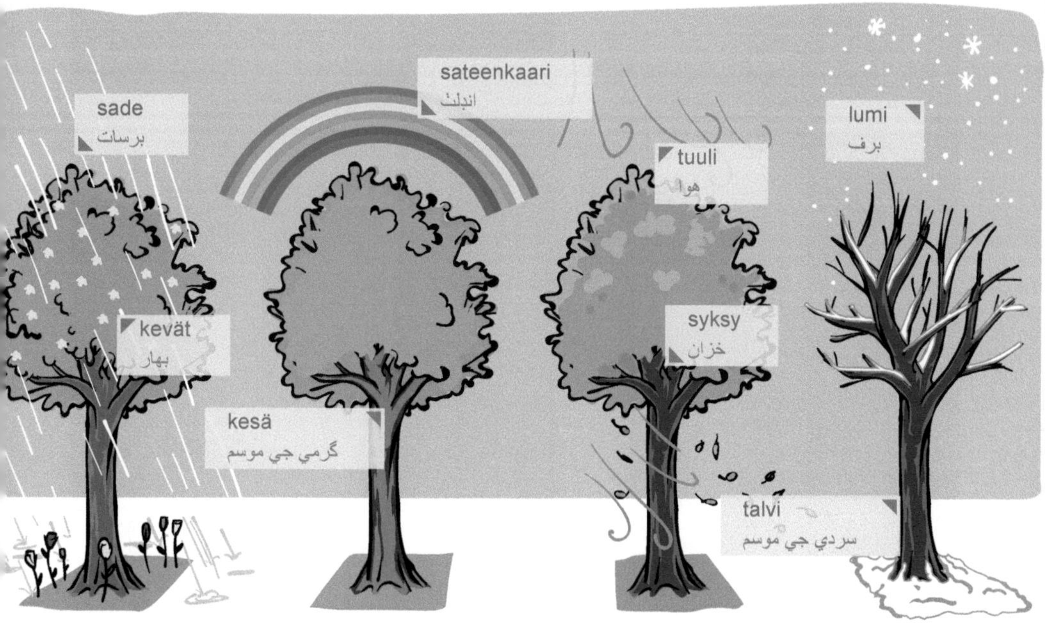

sade
برسات
sateenkaari
انڊلٺ
lumi
برف
tuuli
هوا
kevät
بهار
syksy
خزان
kesä
گرمي جي موسم
talvi
سردي جي موسم

4.APRIL 11°
5.APRIL 4°
6.APRIL 13°
7.APRIL 8°
8.APRIL 10°

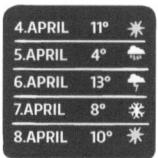

sääennuste

موسم جي پيشنگوهي

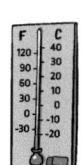

F
C
120
90
60
30
0
-30
40
30
20
10
0
-10
-20

lämpömittari

ٿرماميٽر

auringonpaiste

اُس

pilvi

بادل

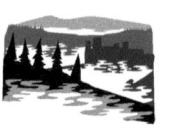

sumu

ڌنڌ

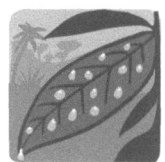

ilmankosteus

نمي

salama

آسماني بجلي

ukkonen

ٹرمامِيٹر

myrsky

طوفان

rae

ڳڙڻ جو مِينهن

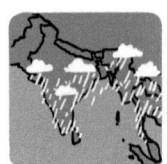

monsuuni

مون سون

tulva

ٻوڏ

jää

برف

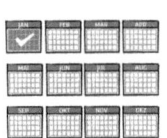

tammikuu

جنووري

helmikuu

فيبروري

maaliskuu

مارچ

huhtikuu

اپريل

toukokuu

مئي

kesäkuu

جون

heinäkuu

جولائي

elokuu

آگسٽ

82

vuosi - سال

syyskuu

سپتَمبر

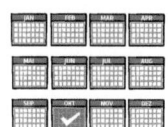

lokakuu

آکتوبر

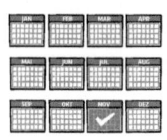

marraskuu

نوبمر

joulukuu

ڈسمبر

muodot

شکلون

ympyrä

دائرو

neliö

چکور

suorakulmio

مستطیل

kolmio

تَکنڈی

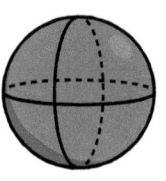

pallo

کره

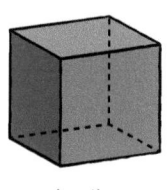

kuutio

کعب

valkoinen

اچو

keltainen

پيلو

oranssi

نارنجي

vaaleanpunainen

گلابي

punainen

ڳاڙهو

violetti

جامني

sininen

نيرو

vihreä

سائو

ruskea

ناسي

harmaa

پورو

musta

ڪارو

paljon / vähän

گهڻو / ٿورو

vihainen / ystävällinen

ناراض / پر سكون

kaunis / ruma

خوبصورت / بدصورت

alku / loppu

شروعات / ختم

suuri / pieni

وڏو / ننڍو

vaalea / tumma

روشني / اونده

veli / sisko

ڀاءُ / ڀيڻ

puhdas / likainen

صاف / خراب

täydellinen / epätäydellinen

مكمل / نا مكمل

päivä / yö

ڏينهن / رات

kuollut / elävä

مرده / زنده

leveä / kapea

ڀڳهو / تنگ

syötävä / syömäkelvoton

كائڻ قابل نه هجڻ / كائڻ جي قابل هجن

paha / kiltti

برو / سٺو

innostunut / tylsistynyt

پرجوش / بوريت جوشڪار

lihava / laiha

موٽو / ڏٻرو

ensimmäinen / viimeinen

پهريون / آخري

ystävä / vihollinen

دوست / دشمن

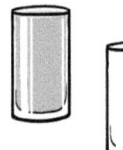

täysi / tyhjä

ڀريل / خالي

kova / pehmeä

سخت / نرم

painava / kevyt

ڳرو / هلڪو

nälkä / jano

بک / اڃ

sairas / terve

بيمار / صحت

laiton / laillinen

غيرقانون / قانوني

älykäs / tyhmä

عقلمند / بيوقوف

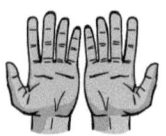

vasen / oikea

سڌو / ابتو

lähellä / kaukana

ويجهي / پري

uusi / käytetty

ننون / استعمال ٹیل

ei mitään / jotain

کجہ بہ نہ / کجہ

vanha / nuori

پوڑھو / نوجوان

päällä / pois päältä

آن / آف

auki / kiinni

کلیل / بند

hiljainen / äänekäs

خاموش / بلند آواز سان

rikas / köyhä

امیر / غریب

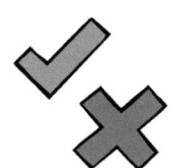

oikein / väärin

صحیح / غلط

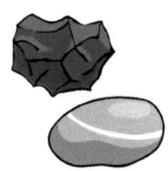

karhea / sileä

کھورو / لسو

surullinen / iloinen

غمگین / خوش

lyhyt / pitkä

مختصر / بگھو

hidas / nopea

آھستہ / تیز

märkä / kuiva

آلو / سکل

lämmin / viileä

گرم / ٹَنڈو

sota / rauha

جنگ / امن

0	**1**	**2**
nolla	yksi	kaksi
زيرو	هګ	يه

3	**4**	**5**
kolme	neljä	viisi
ثڼي	چار	پنځ

6	**7**	**8**
kuusi	seitsemän	kahdeksan
چه	ست	اتۀ

9	**10**	**11**
yhdeksän	kymmenen	yksitoista
نۇ	لۇه	يارهن

12

kaksitoista

پارھن

13

kolmetoista

تیرھن

14

neljätoista

چوڈھن

15

viisitoista

پندرھن

16

kuusitoista

سورھن

17

seitsemäntoista

سترھن

18

kahdeksantoista

ارڑھن

19

yhdeksäntoista

اوٹویہ

20

kaksikymmentä

ویہ

100

sata

سو

1.000

tuhat

ھزار

1.000.000

miljoona

ڈہ لک

englanti

انگریزي

amerikanenglanti

آمریكي انگریزي

mandariinikiina

چیني میندبارن

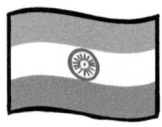

hindi

هندي

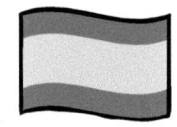

espanja

اندلسي بولي

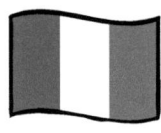

ranska

فرانسیسي

arabia

عربي

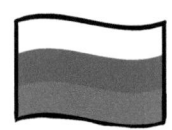

venäjä

روسي

portugali

پرتگالي

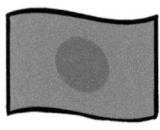

bengali

بنگالي

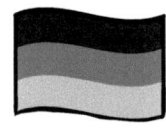

saksa

جرمن

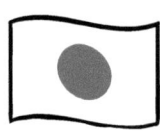

japani

جاپاني

minä

مان

sinä

تون

hän

هي چوكري/ هي چوكرو / هو

me

اسان

te

تون

he

هو

kuka?

كير؟

mitä / mikä?

چا؟

miten?

كينئن

missä?

كٿي؟

milloin?

كڏنهن؟

nimi

نالو

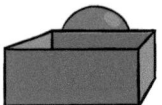

takana

پويان

sisällä

edessä

جي سامهون

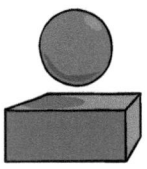

yläpuolella

مٿي

päällä

تي

alapuolella

هيٺ

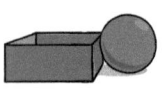

vieressä

گڏ

välissä

م جھ ڙ

paikka

جڳہ